SUR LES

THÉORIES COMMERCIALES

PAR

M. BARBIÉ DU BOCAGE

PARIS

ESSAI

sur les

THÉORIES COMMERCIALES

PAR

M. BARBIÉ DU BOCAGE

PARIS

G. MASSON, ÉDITEUR

Librairie de l'Académie de Médecine

120, BOULEVARD SAINT-GERMAIN

—

1883

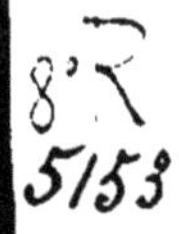

ESSAI

SUR LES

THÉORIES COMMERCIALES

Je cessais à peine de parcourir les documents que nous fournit la Direction générale des douanes, où l'on trouve des renseignements concernant les études de la section de sylviculture de la Société des agriculteurs de France, lorsque j'ai eu la bonne fortune de lire le très intéressant travail fait par M. le comte de Luçay, au nom de la section d'économie et de législation rurale de la même société. La connexité de ces deux ordres d'idées m'a fait souvenir des théories sur les questions économiques si occupantes depuis près de vingt-trois ans et dont nous sommes appelés à voir aujourd'hui, le succès ou la chute. En l'année 1883 comme en celle de 1860, ces théories ont conservé leurs noms primitifs : l'une s'appelle le *libre-échange*, l'autre la *protection*.

L'avenir démontrera que la première de ces doctrines, celle qui enseigne le libre-échange, n'a pas satisfait mes sentiments. Dès son origine, la doctrine du libre-échange fut loin de me paraître sérieusement et avantageusement praticable ; j'avais beau faire, songeant, à ce que je croyais être les vrais intérêts de mon pays, je lui préférais toujours le système de protection.

En y réfléchissant, j'étais là comme entre deux fleuves impétueux : l'un venant d'une source naturelle, l'autre ayant une origine et un parcours dus aux travaux humains.

Plus tard, le premier continuerait de couler à la satisfaction de tous, et le second, si le temps lui faisait quelques fissures, s'écoulant le long du chemin, disparaîtrait.

Si je me reporte aujourd'hui à l'année 1860, je me souviens de la peine extrème que me causèrent alors les hommes d'État anglais. Habiles dans la connaissance des intérèts de leur pays, redoutant l'importance que prenait en France la plupart des branches de fabrication, ils sont venus séduire ici des Français auxquels l'économie réelle était inscrite avec des caractères absolument neutres et qui ne savaient lire dans la réalité que les lettres affectées à leur politique personnelle. Je me souviens qu'alors j'ai parlé de cela à bien des amis, et peu ont admis la conclusion de mes plaidoieries.

C'est absurde, disaient nos profonds économes, de prétendre que nos produits répandus dans tout le monde ne vont pas avoir un formidable succès. Nos marchandises vont augmenter dans des proportions inconnues, et comme elles s'accroîtront la jouissance de la vie et le bien-être général. Au bout de cinq ou six ans on disait encore : Voyez comme votre opinion était mal conçue. Nous vendons dix fois autant que par le passé et la France devient le grenier d'où le monde entier tire ses approvisionnements. Les étrangers il est vrai nous offrent certains produits ou certaines marchandises que nous laissons entrer à meilleur compte qu'autrefois sur notre territoire et dont la consommation profite. C'est en plus petite quantité la compensation du bénéfice qui représente ce que nous gagnons chez les autres et même favorise la production de nos marchandises fabriquées, puisqu'ils nous donnent un point de départ d'un prix moins élevé.

J'avoue que, devant ces paroles, j'ai eu peur de m'être

absolument trompé. J'ai cru que les autres disaient vrai et ce n'est que, par la suite, en examinant les résultats obtenus par le succès de cette théorie du libre-échange que j'ai pu prévoir ce qui allait arriver.

Mes premières idées se sont portées sur les termes dont on se servait.

L'expression *échange* admet qu'on est le maître, dans tous les cas, de donner un produit quelconque pour en recevoir un autre. Celle de *commerce* porte à penser qu'on n'a le droit de céder un produit contre un autre qu'autant qu'on y a avantage. En un mot, commercer n'est pas échanger. Commercer pour ne rien gagner est une gène absolument inutile. Echanger librement, c'est troquer un produit quelconque, plus ou moins coûteux, pour jouir d'un autre qui sort à valeur égale de la nature elle-même ou de la fabrique. Or, en libre-échange commercial on n'échangera un produit fabriqué chez soi contre un produit naturel ou fabriqué ailleurs, que pour se donner un bénéfice ; et cela, dans les termes du traité fait entre les échangistes ; mais quand on a conclu ce traité, il est certains produits naturels que le pays étranger ne savait pas avoir et que notre pays ne croyait pas qu'il eût. Il en est de même pour les produits qu'on invente ou ceux dont on a bonifié la confection. Il y a donc là une erreur grave, dans laquelle il ne fallait pas donner. Ici, *échanger*, c'est se lancer dans l'inconnu, *cela peut être une dépense.*

La pratique du commerce est au contraire de donner son produit fabriqué pour un produit qui représente une somme supérieure à celle que le vôtre a coûté ; c'est une opération où l'esprit a une large part, où il fixe ce qu'il désire et modifie son affirmation suivant les occasions : *cela doit être un bénéfice.*

Dans le libre-échange vous ne tenez pas le bon bout,
dans le commerce, le bon bout est à vous et vous auriez
tort de vous en défaire. C'est dans ces deux explications
que gît toute la différence qu'on va chercher à vous
présenter dans chaque page de ce travail.

On peut se rappeler ce qui arrive lorsqu'on défriche
des bois médiocres. Les terres que les grands végé-
taux recouvraient, mises vite en culture, ne rendent pendant les deux ou trois premières années que de pauvres
récoltes. Cela tient à ce que ces années ont achevé de
corrompre les derniers détritus des bois très nuisibles
dans leur état premier et les ont changés en humus qui,
joint à celui que depuis longtemps la terre renfermait, la
rend féconde et produit de superbes moissons. Cela dure
un assez grand nombre d'années sans qu'on ait besoin
d'y remettre du fumier. De là, pour le cultivateur, un
bénéfice assez agréable à toucher. Mais, les années
marchent, et, quand la terre produit des céréales, son
humus absorbé s'en va peu à peu et si vite même que, si
l'on n'y met pas de fumier, elle finit par ne plus rien rendre
et, si même on en met, de ce fumier, il faut que ce soit
en telle quantité, que la fumure coûte plus cher que la
récolte. Eh bien, la théorie, dite du libre-échange, est
arrivée au même résultat.

En faisant naître cette théorie on n'a pas pensé qu'avant
tout, une combinaison économique doit avoir forcément
son point de départ fixe. D'où il ressort qu'au lieu de
créer un crédit extérieur, la puissance dont il est question doit procurer d'abord l'existence de son peuple. La
première condition c'est qu'une nation ait tout ce qui lui
est nécessaire ; qu'elle gagne après, rien de mieux. Elle
aura là les premières marches d'un escalier qui lui per-

mettront d'arriver aux suivantes. C'est sur ces degrés que tout doit être édifié. Pour qu'une théorie économique soit bonne, la première et la plus importante recherche sur laquelle elle doit être établie est de faire vivre les habitants du pays, le mieux et le plus agréablement possible. Cette théorie n'est pas chargée de faire gagner, par moments, des sommes folles aux uns et aux autres, mais de faire que tous les êtres qui vivent par elle, y vivent bien, d'où résulte, au fond, la véritable source agréable à l'humanité. L'axiome d'une bonne économie, c'est de faire une vie facile aux populations soumises à ses règles et de former avec elles un tout bien vivant, actif, dont l'ensemble fait la patrie. Qu'au delà de cette manière de procéder, pour bonifier autant que possible, on cherche à établir des relations avec les étrangers, rien de mieux; mais qu'on se souvienne avant tout que, dans cette seconde partie de l'économie, la première ne doit jamais être sacrifiée. Récoltez du nouveau, faites-le, le mieux et le plus possible, chacun vous applaudira, mais que la vie intérieure ne s'en ressente jamais.

L'économie politique ne peut pas donner satisfaction aux intérêts de tous, personne n'est encore arrivé à ce résultat. C'est une panacée universelle qui n'est pas encore inscrite au codex, ce n'est que la recherche des lois des intérêts. Elle n'est pas et ne peut pas être une loi, car alors elle présenterait un invariable tel qu'une loi doit être, devant des intérêts forcément variables. Or on ne fait pas régir une mutabilité par une immutabilité. Une loi, même théoriquement conçue, ne peut être le fondement d'une doctrine, puisqu'elle doit lui commander en tout, et qu'un faisceau doctrinal est formé de circonstances nées de faits multiples convenablement groupés. C'est de cet ensemble que doivent naître des définitions générales. Dans ce dernier cas il existe un résultat sagement équilibré; dans le premier on n'y trouve qu'un rêve à l'application bien dangereuse.

Depuis longtemps je me suis demandé comment il se fait que des personnes au cœur aussi droit et à l'intelligence si éclairée que celles qui s'occupent de ces questions soient pour des lois qui me semblent absolument fausses.

J'ai commencé à comprendre que quelque chose me manquait pour m'occuper de ce travail, et ce n'est qu'en y réfléchissant longtemps que je suis arrivé à ce qui m'a paru une pensée sage, c'est-à-dire d'admettre qu'ils ont confondu le caractère d'une doctrine économique avec celui d'une loi générale quelconque. Ils ont pensé qu'une donnée basée sur le fait d'arriver à régler un intérêt général au détriment de certains intérêts particuliers était l'équivalent du précepte de l'évangile qui dit : « Tu aimeras ton voisin comme toi même. » Ils ont confondu, si je puis m'exprimer ainsi, le concret avec l'abstrait. On peut dans tous les cas, et quelque chose qu'il en coûte, aimer son voisin comme soi-même, et si cet amour exige quelque sacrifice on en souffrira avec lui ; mais on n'admet pas, comme principe de justice qu'on peut, dans une question économique, froisser certains intérêts particuliers en faveur de l'intérêt général. C'est élever une injustice à la hauteur d'un principe; or, on ne peut entraîner un brisement sous peine de n'être plus juste. En d'autres termes, il ne nous est pas permis de soutenir une loi profitable à l'humanité entière lorsqu'elle peut conduire à sa perte la société dont nous sommes. L'intelligence du bien commence par

ce qu. nous touche et non par des restrictions pour nous,
faisant le bien de l'inconnu.

L'humanité fut ainsi faite que les hommes se sont
réunis pour jouir de la plus grande quantité possible de
liberté et de satisfaction ; mais ces réunions n'ont pu se
rencontrer que là où les données d'existence étaient identiques, sans cela, des points de départ différents entraîne-
raient forcément les groupes à se séparer et, en peu de
temps, à se nuire réciproquement, chacun voulant jouir
de sa liberté dans les termes où il se trouvait placé. Ce
sont ces différences avec l'intérêt général qui ont rompu
la masse humanitaire et déterminé les limites des nations ;
d'où il résulte que tout homme s'inquiétant des intérêts
de l'une ou de l'autre de ces nations, ne peut, sous peine
de grave erreur, leur attribuer la loi de l'intérêt général.

Ah ! l'intérêt général des hommes serait bon et aussi
parfait que possible si un seul pouvoir, d'où partant, une
seule loi, les régissait; mais, Dieu seul eût pu nous guider
ainsi, s'il n'avait pas décidé, dans sa merveilleuse création, qu'il en fût autrement, pour que l'homme puisse rem-
plir sa mission.

Dans ce travail général je parle de l'ensemble de tous
les pays, et un peu de la France : fixons-nous donc, en ce
moment, si vous le voulez bien, aux intérêts de notre
chère patrie, et voyons quelle serait sa part dans cet
ordre d'idées. Elle fut entraînée au séparatisme par sa
formation géographique, par ses différences de climats,
par les dissemblances du langage et les habitudes de sa
population, et, avec le temps, ce séparatisme ne faisant
que s'accroître est devenu la conséquence vraie de la forme
première de la liberté.

Pour qu'une organisation économique soit bien faite il

faut, nous venons de le démontrer, que le chemin que
doit suivre avant tout et au-dessus de tout notre Gouvernement, soit le perfectionnement de l'agriculture qui,
s'il prospère, comblera les plus impérieux des désirs
de la nation. Il protégera en outre, la vaste industrie de
nos mines dont les produits sortis du sol, combinés au
moyen des découvertes scientifiques, avec ce que l'agriculture nous aura donné, permettra, l'un aidant l'autre,
d'arriver à la confection des marchandises industrielles
qui satisferont à tous nos besoins intérieurs. C'est là la
base, la vraie, la seule base du commerce. Quand, au
dedans, elle aura tout contenté, si elle fait bien, si elle se
multiplie, elle créera alors, des objets bien perfectionnés
que l'on pourra changer contre de l'argent ou d'autres
marchandises, à la condition expresse de toujours et en
tous temps, fixer nous-mêmes le prix de nos produits. Or,
pour en arriver là, ne proclamez pas le libre-échange et,
par conséquent, ne faites pas de traités.

Outre le détail fort intéressant à différents points de
vue des relations politico-commerciales entre les différents
peuples, depuis les temps anciens jusqu'à nos jours, il y a
encore une autre manière de se souvenir de ces rapports
des parties de l'humanité les unes avec les autres et de
considérer l'importance que l'avenir peut tirer des raisons
qui, dans cette histoire, ont créé des faits nouveaux donnant naissance à une théorie qu'il peut être bon d'étudier
aujourd'hui. Ce retour vers les temps passés nous fera voir
d'une manière réellement attachante dans quel ordre d'i-
dées on doit marcher pour se maintenir autant que possible dans des conditions rendues les meilleures parmi
celles que la nature de l'homme permet.

Parmi les données certaines que l'histoire nous trans-

met touchant la position des parties de l'humanité les unes
à côté des autres, nous devons rappeler que ces récits in-
diquent qu'il fallut se défendre les uns contre les autres
en même temps que contre les animaux nuisibles. Il devint
donc d'absolue nécessité que la première et la plus utile
des fonctions fut celle de guerroyer. Les représentants de
l'espèce humaine étaient, à l'origine, ce que sont les sauvages aujourd'hui. Ils ne laissèrent, pour faire les travaux quotidiens et forcés, que des femmes, des enfants et
des infirmes. Ce ne fut que plus tard, à force de batailles,
qu'ayant fait des prisonniers nombreux, ils leur confièrent
les travaux de chaque jour, la confection d'objets nécessaires et celle des produits qu'on pouvait échanger contre ceux des voisins. Pour toutes ces nations encore dans
l'enfance, l'esclavage était la condition nécessaire pour la
création et l'entretien de tout commerce. Au fur et à mesure que le temps marcha, l'élite des agglomérations humaines perdant dans l'oisiveté les moments qu'elle n'em-
ployait plus à combattre, le pouvoir échut à des chefs qui,
ne faisant plus usage de leurs vertus, devinrent des ty-
rans. Par la suite, presque toutes les armées se com-
posèrent de mercenaires et, partout, l'activité vitale fut
le privilège de l'esclave. Ce qui veut dire que, les souve-
rains s'établissant, l'esclave fit tout au monde pour leur
plaire et, le temps marchant, il perdit, en satisfaisant sa
vanité, ses qualités de producteur, son intelligence et sa
haute valeur commerciale. Ce fut l'histoire du peuple ro-
main. L'esclave fit tout le commerce, lorsque les maîtres
le commandaient, et plus rien quand les maîtres ne les
conduisirent plus.

Quand la tête de la nation disparut, les vertus dont elle
était en partie l'ordonnatrice s'évanouirent et, comme elle

aussi, la grande valeur des transactions s'anéantit; ce fut la barbarie qui reprit son empire.

Un jour enfin, le besoin de têtes intelligentes se fit sentir; ce fut le commencement du moyen âge. En faveur de la décrépitude générale, quelques hommes de valeur se levèrent, cherchèrent à rendre l'ensemble meilleur autour d'eux et s'efforcèrent d'encourager les relations commerciales; mais, à ces époques, nul, en fait d'économie politique, ne fit plus de progrès que les Arabes. Instruits peut-être par les Byzantins, ou par quelques souvenirs des Romains, par les habitudes des Indiens eux-mêmes, ils eurent le bon sens de ne pas regarder la qualité de marchand comme une injure. Ils se servirent toujours des esclaves, mais l'Arabe libre en était et en resta le maître. Cet état, aussi juste que possible et bien établi par le Coran devint et resta une des grandes et des meilleures ressources pour les sectateurs de Mahomet, du Calife au plus humble bourgeois de l'Afrique ou de l'Asie. Cette prospérité dura plusieurs siècles et les lois commerciales étaient si avantageusement faites qu'à lire Edrisi ou Aboulfeda, chaque ville, de l'Indus à l'océan Atlantique, était renommée pour ses produits, qui s'écoulaient, tandis qu'elle en recevait d'autres. L'économie politique, que nous ne connaissons plus, venant se joindre au courage et aux croyances en Dieu fit la grandeur de l'empire: mais un jour, bien des ambitions naquirent, bouleversèrent cet immense état et ne laissèrent subsister de son commerce que des relations réduites et détachées dont les Européens constatèrent l'existence.

Chez nous, dans ces territoires qui sont devenus nos patries, en Europe occidentale, devant le christianisme, l'esclavage disparut. Quand les barbares eurent suffisamment ravagé, on éprouva la nécessité de créer un état social et les conseils de l'Eglise venant se joindre à la force de certains chefs donnèrent des ordres que les populations finirent par adopter et dans lesquels, malgré la vie humaine si troublée, ils trouvèrent un avantage réel. Le principe de ces règlements fut celui-ci : Le peuple devient serf; les esclaves n'existent plus.

Il y avait à cette sorte d'ordonnance certaines conditions dont l'avenir devait montrer au peuple tous les avantages. Avec lui, l'homme n'étant plus légalement l'esclave, ne restait plus seul. Il n'était plus réduit à ce qu'un signe du maître pouvait lui enlever sa femme et ses enfants. Du coup, la famille était reconnue à tous et pour tous. C'était la véritable reconstitution des sentiments du cœur, et l'un des plus grands et des plus admirables bienfaits que le christianisme ait donnés. La postérité peut et doit en remercier et le clergé et les chefs qui ont suivi et appuyé cette sage doctrine. Le bon résultat ne fut pas acquis de suite; mais ses avantages se développant chaque jour, avec la marche du temps, la vie sociale s'en ressentit.

Les créateurs de cette loi ordonnèrent aux races dont les guerres et les invasions des barbares avaient fait des esclaves, comme serfs, de se fixer sur la même terre, d'y bâtir une habitation dans laquelle ils éleveraient leur famille, d'en cultiver le sol et, au besoin, d'aider et de servir militairement leurs seigneurs. Dans les campagnes cette loi fut vite obéie et dans les mauvais jours, le château fut le refuge du peuple; mais dans les villes les serfs étaient placés davantage sous la protection de l'Eglise et se trouvaient plus forts par leur rassemblement en dedans de leurs murailles.

Le travail y redonna des efforts nouveaux. Le peuple, et

peu après ce qu'on nomma la bourgeoisie, commencèrent
à y vivre des transactions ordinaires, vendant ou ache-
tant ce qui était nécessaire à la nourriture ou aux premiers besoins ; ce ne fut que peu à peu et, plus tard, que
les producteurs de ces populations urbaines arrivèrent à
de très sensibles progrès ; mais la masse vécut en entre-
tenant les échanges avec les habitants des campagnes
voisines. Dans cette vie resserrée et commune, les bourgeois, reconnaissant l'autorité suprême, gagnèrent beaucoup en intelligence, et derrière cette volonté alors parfaitement naturelle, cherchèrent à progresser dans les arts
et les sciences. Cette vie alors n'était pas ce qu'on peut
nommer la plus heureuse, mais elle devenait possible et
de bien beaux souvenirs en sont restés la preuve.

Par la suite, cet état social ne dura pas, et franchement
il ne pouvait durer. L'intelligence se développant, le peuple
en arriva à un moment où ayant assez, pour mille raisons, de la multitude des barrières établies de ville en ville,
de province en province, et nuisibles pour tous, il se leva
sous des prétextes quelconques et en demanda la dispa-
rition. Il éprouvait le besoin d'agrandir le champ de son
action. Son désir du bien-être, en se formant peu à peu, le
poussait, sans qu'il s'en rendît compte, à la recherche d'un
état social plus avantageux. Il sentait, sans savoir pour-
quoi, cet essor nouveau, dans les grâces et les facilités
que pouvait et que devait lui accorder la royauté qui
désirait qu'autour d'elle on jouît de l'accroissement de la
prospérité. Dès lors, le peuple marcha avec elle, à côté
d'elle, servant à la fois et la cause royale et la sienne. Les
corporations s'établirent et répandirent leur action suivant
la protection du roi. Elles ressemblaient à la création de
l'Université, où, dans toutes les circonstances, chaque

membre trouvait un appui dans un camarade qu'il ne connaissait pas; chaque membre d'un métier ou d'une industrie se plaçait, s'instruisait ou était soutenu dans tout le royaume et, ses grands parcours terminés, il revenait à son point de départ avec l'habileté et les bénéfices acquis ou à acquérir. Pour mille choses alors, par cette habitude et cette sorte d'institution, le goût et le talent se formèrent dans toute la France et ses produits en arrivèrent à prendre le haut bout dans l'Europe entière. Cultiver le bien et le beau, c'était la réputation de ces corps d'état.

Les temps modernes arrivèrent, les marchés intérieurs, fermés jusqu'alors, s'ouvrirent, les relations des États avec leurs voisins s'étendirent, des colonies se formèrent dans des pays nouvellement découverts, et toutes les classes des nations éprouvèrent le besoin de prendre part à ces combinaisons nouvelles. Pour arriver à des résultats satisfaisants, il fallut une liberté acquise dans une certaine mesure, et nos derniers rois Bourbons commencèrent à la donner. Si on avait laissé la royauté agir doucement et sagement, la vie des dernières classes de la population se serait sensiblement améliorée; mais, malheureusement, les uns conseillèrent au souverain de trop retenir, les autres de trop accorder, et l'on donna fâcheusement le triste exemple de discussions très acerbes qui créèrent de tous les côtés des ennemis aux choses existantes. Un jour on formait des compagnies commerciales qu'on laissait tomber le lendemain; parfois on perdait des colonies qu'on avait précédemment fondées et dont l'avenir était tel qu'elles sont devenues aujourd'hui nos concurrentes les plus à craindre. A la suite de ces erreurs et des mécontentements obtenus, une sorte de guerre civile très odieuse et très cruelle se déclara. Nommée révolution, elle abolit le bon et fit bien du mauvais.

Au point de vue commercial, ce qui ressortit de ce bouleversement, et ce que la monarchie française eût certainement continué plus tard, fut le territoire entièrement libre de toute barrière et les relations pouvant s'étendre d'un bout du pays à l'autre. Les combinaisons que le commerce entraînait devaient gagner tout l'intérieur et même l'extérieur tout entier dès que les transactions purent y être établies. Ladite révolution créa l'égalité commerciale, bonne chose du reste, au nom du principe d'égalité. La monarchie aurait pu faire une coutume analogue qui, au lieu de nous retarder si longtemps, nous eût immédiatement permis de lutter avec nos voisins. En 1793, l'Angleterre n'a pas eu de révolution, mais elle a pris le commerce partout. Nous l'avons adoptée, nous Français, cette révolution, aussi elle nous a enlevé tous nos avantages et nous a empêchés de prendre aucune force à l'extérieur. Avec elle le pouvoir n'a été occupé que par quelques malheureux fous aussi inintelligents que stupidement cruels dans l'exercice du gouvernement et dont les décrets insensés ont nécessairement tué nos transactions. En frappant la noblesse, en se montrant plus durs encore pour la bourgeoisie et le peuple, ils ont anéanti nos forces, perdu nos colonies et laissé les États étrangers acquérir une position politique et commerciale qui furent contre nous un des coups les plus rudes que l'histoire raconte. Le peuple, il est vrai, y trouva dit-on la liberté! Je crois qu'en effet, sous ce rapport, ce dévergondage d'idées a eu pour conséquence de gagner avec de mauvais outils ce que des gens sages lui auraient fait trouver autrement avec de bons instruments. Pour sortir la France de l'impasse où la République l'a mise, il a fallu, comme dans toutes les chutes où la démocratie commande, tomber dans une sorte de tyrannie dont la gloire a fait tout pardonner : mais qui, malgré les grandes qualités dont le chef a donné des preuves, a continué le coup fatal porté à nos transactions commerciales. En France, à cette époque guerrière, Napoléon créa des héros, mais de cette gloire, il ne resta rien que la peine que sa défaite a causée.

La partie économique était bien dure à relever pour la Restauration qui lui succéda. Elle fit cependant tout ce qu'elle put, non seulement pour que le peuple souffrît moins, mais pour créer dans le monde à la France une position possible d'abord et avantageuse par la suite. Elle favorisa l'agriculture, base certaine et absolue de toutes transactions, encouragea la confection des objets fabriqués pour l'étranger, mais surtout pour l'intérieur, et, enfin, soutint d'une façon réellement patriotique l'intérêt français. Elle eut la grande sagesse de ne pas permettre aux Anglais de prendre pied à Madagascar, magnifique possession française, depuis 1642 ; elle vainquit les Turcs à Navarin et planta notre drapeau sur le sol de l'Algérie. Lorsqu'en 1830, le roi Louis-Philippe lui succéda, il partagea les mêmes idées, les soutint vivement et très honorablement. Il continua à encourager les relations intérieures, suivit la même politique sagement avantageuse dans le commerce extérieur, et, sous lui, la France prit une grande part dans les transactions générales, sans cependant laisser les produits étrangers pénétrer son territoire plus qu'il n'était avantageux et convenable.

Ces deux gouvernements remirent en valeur dans notre pays la base véritable du commerce, c'est-à-dire l'agriculture, qui est l'assurance et la facilité des relations entre nous, quitte à pousser au dehors à la multiplicité de nos transactions. Alors, on constatait ce fait que certaines matières premières nous étaient livrées dans les meilleures conditions et que la marque sévère de la qualité assurait la vente des produits fabriqués par nous. Là était ce grand avantage avec lequel on a malheureusement joué depuis. Ces marques étaient l'honneur de nos fabriques ; les ôter, c'était permettre le vol partout.

A la fin de la monarchie de Juillet, presque toutes les routes étaient faites dans nos provinces, les canaux achevés et la confection des chemins de fer commençait. Nos marchandises amenées à des prix aussi bas que possible dans nos ports alimentaient les transports faits par notre marine. C'était là beaucoup et cela venait se joindre à cette source nouvelle du crédit qui remplaçait l'impôt mis jadis sur l'homme, par l'impôt sur la matière.

Autrefois, quand l'homme travaillait, c'était dans l'acte de produire qu'on obtenait l'impôt qu'il devait payer. L'ouvrier n'avait aucune part dans le prix des objets confectionnés. On ne lui en laissait que de quoi vivre et nourrir sa famille ; mais la masse revenait au maître qui en tirait tout le bénéfice possible. L'ouvrier était seul responsable s'il manquait à son devoir. Depuis, sous l'ancienne monarchie, cette combinaison a commencé à changer et serait arrivée à un résultat heureux, mais la Révolution de 1789 a en quelque sorte consacré ce changement. L'impôt à payer fut mis sur la marchandise produite ou mieux sur la possession acquise. Désormais, devant l'autorité, l'ouvrier était libre et le propriétaire de la matière seule, immeuble ou meuble, à qui était affecté le droit de payer, était responsable. L'ouvrier, outre qu'il ne courait plus aucun risque, fut à chaque instant par son maître remboursé de son temps, suivant l'importance de ses

travaux et si le maître qui en faisant une affaire s'était
trompé et arrivait à une perte, c'est l'État qui le forçait à
vendre sa marchandise aux enchères et se payait sur l'argent que cette vente produisait. Cette nouvelle manière de
procéder semble l'avoir complètement emporté sur la première, le jour où, sous le dernier empire, la maison
d'arrêt, pour dette, a été supprimée. Dès lors, l'homme ne
pouvait plus être saisi pour des dettes même particulières.
Ce n'est plus l'homme que les tribunaux frappent, c'est ce
qu'il a chez lui ou à lui, dont ils ordonnent la vente, quand
les engagements ne sont pas tenus.

Cette question est très importante et très intéressante.
Elle marque une sorte de changement extrèmement re-
marquable en ce qui touche l'économie politique. Elle
n'agit plus sur des données certaines; mais sur les mille
différences que peuvent apporter dans ce monde la jouissance absolue, complète, de la liberté de l'ouvrier. Ce
principe nouveau était et est encore évidemment sage. Il
abandonne un dernier reste des temps du moyen âge
pour entrer dans les temps modernes et élever la civilisation au suprême degré ; mais, cela, à une condition pri-
mordiale, c'est que d'avance, même à l'heure qu'il est, si
on ne l'a pas encore fait, il faut qu'on arrive à empêcher
ou même à arrêter toutes les combinaisons justement fau-
tives ou mal famées où ce principe peut nous conduire. En
un mot, cette base nouvelle a de très gros avantages,
mais elle a aussi de grosses erreurs qu'il ne faut pas laisser se développer.

Toute combinaison d'économie politique qui touche et
se mêle souvent à l'administration sérieuse des gouvernements, peut et doit intervenir pour arrêter les abus que
la liberté de l'homme peut produire. Sous l'empire de Na-

poléon III, les hommes d'Etat ont cru que les mille avantages que cette liberté peut procurer étaient seuls désirables et ils ont tout fait pour les obtenir; mais ayant souvent leurs combinaisons plus en recherche de la popularité que de l'intérêt économique, ils n'ont malheureusement pas pensé aux conséquences que devait amener cette liberté à laquelle une discipline sage, mais sévère, n'imposait pas ses règles générales. Jusqu'en 1860, on a tout fait pour favoriser les transactions et tout semblait promettre pour la France un merveilleux avenir ; l'Empire même avait continué cette tâche. Malheureusement 1860 est arrivé et avec cette année et les traités qui y furent faits, on entra dans cette masse de combinaisons économiques, favorables d'abord, mais au fond essentiellement fâcheuses pour notre cher pays. On a tout fait, trop fait peut-être pour que les mesures prises soient bonnes; et dans un grand nombre de cas, au lieu d'être moralisateur, on a été démoralisateur. Sans le savoir, sans s'en rendre compte, je le pense bien, on est arrivé au résultat contraire à celui qu'on souhaitait.

On a cru qu'en jetant en 1860 les points de départ d'une époque qu'on espérait justement prospère, comme cela semblait certain à l'origine du libre échange, on acquerrait la popularité dont les bénéfices provisoires qu'elle procure sont l'origine ; et sur cette idée on a marché de l'avant. C'était là une grave et grosse erreur. Je vous demande pardon de parler politique ici, mais il m'est impossible de vous entretenir d'économie sans cela. Laissez-moi dire que cette erreur a concentré dans les grandes villes des votes, faciles à modifier pour des meneurs détestables et insensés; d'où il est résulté qu'en y ajoutant nos affreux malheurs de 1870 et 1871, nous y avons perdu les trois quarts de notre valeur. Depuis cette époque,

un gouvernement s'est levé, n'ayant aucune base solide
et nous en sommes arrivés à tomber où nous sommes
aujourd'hui. L'abandon d'une bonne législation économique, puisque la vie de tous dépend de là, secondé
par des ambitions et des idées réellement inadmissibles
chez un peuple quelque peu sage, nous a amené à perdre
en si peu de temps nos religions saines, notre moralité,
notre magistrature intègre, notre instruction sérieuse,
les qualités de nos armées et nous a fait prendre des
erreurs en tous genres, tant en France qu'au dehors.
Elle nous cause : la ruine de notre crédit, le tremblement
de notre honneur et presque le mépris de l'étranger.

Le bon marché doit régner entre nous, la prospérité
générale d'un pays se ressentant toujours des transactions intérieures faciles et bonnes ; mais, nos ventes intérieures doivent être dépassées comme prix par nos ventes
extérieures. Si nous vendons aux étrangers, faisons-leur
payer cher ; mais donnons-leur du bon. Les autres nations dont le sol est particulièrement bien disposé pour un
produit, le donneront à très bon marché, et se trouvent
dans un grand nombre de cas dans des conditions meilleures que les nôtres ; mais nous, du moins, que nous ne
vendions que des produits essentiellement perfectionnés,
qu'elles ne pourront pas trouver dans leur pays. Quoi qu'on
fasse, dans le commerce général, c'est là notre lot. En
France, nous avons toujours eu et nous avons encore un
nombre très grand de produits différents; mais, c'est à
nous de nous tenir à notre rang et d'utiliser la raison pour
laquelle nous avons toujours eu la priorité : c'est-à-dire la
qualité. Le bénéfice sur le prix en est la conséquence. Si
nous écoulons nos marchandises à des prix inférieurs à
leurs cours intérieurs, ce sera la ruine même de nos com-

merçants ; les producteurs ne travailleraient plus et, par suite, la famine frapperait une partie de nos consommateurs. Nous ne pouvons donc vendre en dehors de nos frontières que des objets pour lesquels la qualité assure le haut prix et qui, à l'intérieur, nous prennent les ouvriers les plus parfaits en laissant la grande masse à l'agriculture.

Le commerce extérieur bien fait est une plus-value agréable ; mais, à lui, comme à nous, l'agriculture est le véritable point de départ. Les Chinois, bien que très habilement industriels, savaient cela, quand chaque année, leur empereur, en conduisant la charrue, traçait le premier sillon. N'oublions pas que l'agriculture demande avant tout des soins assidus. Demeurons bien persuadés de son importance qui est le fond de la vie des peuples, mais dont les résultats peuvent manquer à un moment donné, lorsque certaines intempéries détruiront les récoltes. La disette peut venir nous frapper, à cela il faut parer et parer à tous prix ! Par quels moyens ? En pareil cas, le libre échange peut-il nous sauver ? J'en doute ; je crois plutôt que le commerce protecteur est une source sur laquelle nous devons compter.

Là où l'activité générale est bonne, presque toujours le crédit s'y trouve, et si nous avons le moyen de faire, chez nous, des produits industriels utiles aux autres peuples et recherchés par eux, toutes les chances s'établiront pour qu'au jour où nous aurons réellement besoin de blé, les céréales arrivent de tous les pays où la fertilité a régné la même année. Le blé augmentera de valeur naturellement chez nous et mille navires viendront forcément nous apporter celui de leur pays puisqu'en retour ils pourront emporter nos produits perfectionnés et de qualité grande qui ne leur font pas concurrence. Si au contraire, dans ces années malheureuses, nous ne faisons que des articles à bon marché que d'autres nations font elles-mêmes, aucune d'elles ne nous apporterait son blé qu'en nous le faisant payer des prix fous. Avec nos produits que tout le monde sera disposé à vouloir, notre acquisition de blé, en cas de disette, sera plus grande et nos bénéfices aussi plus étendus. Joignez à cela l'argent que pourra avancer et les mesures bien ordonnées que prendra notre gouvernement plusieurs mois avant la récolte, vous effacerez une partie très grande de la disette qui, dès lors, en supposant qu'elle a été extrême, deviendra une sortie d'argent comblée par une rentrée et maintiendra les prix de nos faibles récoltes assez élevés pour ne pas tuer la culture, mais aider le cultivateur.

Avec le libre échange, en cas de grande disette, l'étranger nous comblerait de blé qui tomberait à vil prix et ferait baisser toute l'agriculture française. En revanche, pour le payer, nous donnerions en baisse nos produits industriels que l'étranger voudrait bien prendre, ou, si nous les maintenons à leurs taux, nos fabricants seraient forcés d'aider leurs ouvriers à vivre en angmentant leurs salaires, ce qui les ruinerait. Les Etats-Unis, le Canada, le Paraguay, l'Egypte, la Russie, l'Inde même, en cas de disette, ne sont pas frappés du même coup que l'Europe occidentale. Si la nature donne de mauvais temps d'un côté, elle en donne de beaux de l'autre, et ces Etats seront plus ou moins désireux et se feront concurrence pour changer leurs blés contre nos marchandises d'élite. Ayons donc en main le moyen d'obtenir, par ces qualités supérieures de nos produits, les secours que ces pays peuvent nous donner. Plus la France sera respectée, plus elle sera secourue ; employons en outre cette vieille et merveilleuse découverte dont nos pères, très forts en économie politique, se sont servis pendant quarante ans : *l'échelle mobile.*

Avec la théorie actuelle du libre échange et les traités commerciaux, l'on arrive à des résultats bien autrement fâcheux qu'autrefois. Que demain, pour une raison quelconque, la récolte diminue sensiblement par suite de l'introduction à vil prix des blés étrangers, que fera-t-on l'année suivante. Ira-t-on recommencer à perdre? Non ! Sauf quelques très bonnes terres, on laissera le reste sans culture ; et, si l'on a alors un sujet de querelle avec quelqu'un des grands Etats maritimes, les Etats-Unis, par exemple, alliés à une puissance européenne dont ils récompenseront facilement les services, feront le blocus de nos côtes et empêcheront le passage de nos frontières. Aussi, sans même en venir là, dès le lendemain, presque sans combat, ils nous commanderont de nous rendre et, plutôt que de voir nos femmes et nos enfants mourir de faim, nous nous rendrons et nous leur accorderons tout ce qu'ils voudront bien nous demander. C'est là où le libre échange et les traités nous conduisent !

Si, non satisfaits de cette conséquence du libre échange, appliquée à la nourriture, nous essayons de considérer la partie de cette doctrine qui se rapporte aux transactions, auxquelles les produits de nos mines ou de la partie industrielle de l'agriculture donnent naissance, que voyons-nous? Dans quelles conditions nous mettent les traités de commerce que le gouvernement de 1860 a faits?

Certains minéraux pareils aux nôtres sont découverts et exploités, ou certains produits confectionnés sont trouvés par des nations après des traités faits avec nous, et tous ces minéraux ou combinaisons industrielles auxquels nous avions jusqu'alors maintenu la valeur des nôtres, perdent après ces découvertes ou ces trouvailles dans le commerce général une partie de cette somme. Ils baissent partout, ils baissent même pour nous, et sont achetés par nos consommateurs plus volontiers que les produits de nos propres mines ou de nos fabriques nationales. D'où il résulte que, dans ce cas, nos mines ou nos usines ne pourront plus se soutenir et que nous ne retrouverons même plus les cent-soixante-dix millions de francs de houille ou coke acheté à l'étranger pour faire marcher ces dernières, ou même nous payer d'une partie des deux cent millions de francs de houille, que nous tirons de notre sol.

Pour donner des exemples de ce que nous avançons, prenons le fer, la fonte et l'acier en barres. Nous en exportons en 1859, au commerce spécial, pour la somme de trois millions trois cent mille francs ; dans les mêmes conditions, en 1881, nous n'en exportons plus que pour trois millions de francs (1).

Ce qu'il y a de particulièrement curieux, dans ce qui regarde ces produits, c'est que, toujours le minerai pur non compris, trouvant chez nous presque tout ce qu'il nous fallait, nous n'en importions que pour la somme de sept millions six cent mille francs en 1859, tandis qu'en 1882, avec le libre-échange, avec nos traités, nous en importons pour quarante-six millions huit cent mille francs. Autrefois on tirait presque tout son minerai du sol, on le faisait fondre avec les bois de nos forêts, ce qui était d'un haut avantage pour le pays et ce qui rendait le

---

1. Dans les mêmes documents en 1882 (à titre provisoire, dit-on), je ne trouve même plus ces produits indiqués.

fer meilleur pour certains objets ; aujourd'hui on fait venir
des fontes de première fusion de l'Angleterre, qui elle-
même, en tire la matière première, en partie, de plusieurs
autres pays. Les Anglais la font généralement moins
bonne que n'était la nôtre. Nous avons donc là, dans le
procédé de libre-échange et les traités faits avec l'étranger,
un résultat peu satisfaisant.

Pour les produits agricoles se rapportant à l'industrie,
els que le lin et le chanvre, nous faisions les toiles et les
tissus, classés parmi les meilleurs. L'étranger, sachant
bien qu'il pouvait nous vendre ses lins et ses chanvres
contre de la bonne marchandise, nous en apportait en 1859,
toujours au commerce spécial, pour la somme de trente-
trois millions huit cent mille francs de matière première.
Il est monté pour le même envoi, en 1881, à quatre-vingt-
huit millions de francs. Nous avons donc eu à lui donner
en 1881 la somme de cinquante-quatre millions deux cent
mille francs de plus qu'en 1859 ; mais, à l'exportation
également spéciale nous lui avons vendu en 1859 pour
deux millions et en 1881 pour douze millions sept cent
mille francs, ce qui fait une différence en recette de dix
millions sept cent mille francs sur la matière première.
Nous avons donc dépensé en plus, en 1881, sur nos acqui-
sitions par rapport à 1859, cinquante-cinq millions, et
dans la dernière année du même temps nous avons re-
trouvé à gagner seulement dix millions ; c'est donc en
1881 une perte de quarante-cinq millions sur ce que pré-
sentait l'année 1859. Cette somme pourrait être reconquise
si les lins et les chanvres mis en étoffe ou en fils se ven-
daient avec un bénéfice égal. Or, voici ce qui s'est passé.
A l'importation spéciale les tissus et les fils de lin ou de
chanvre s'élevaient en 1859 à douze millions et à la somme

de dix-neuf millions cinq cent mille francs en 1881. C'est donc sept millions cinq cent mille francs que nous avons payé en plus en 1881 ; mais à l'exportation spéciale nous en avons vendu en 1859 pour seize millions quatre cent mille francs, et en 1881 pour vingt-huit millions sept cent mille francs, ce qui doit s'entendre par un bénéfice de douze millions trois cent mille francs fait sur ces produits fabriqués. Si de cette somme je retranche les sept millions cinq cent mille francs perdus, il reste en gain, pour ces mêmes marchandises fabriquées, quatre millions huit cent mille francs. Mais la matière première nous avait coûté quarante-cinq millions. Voici donc en dernier résultat une perte de quarante millions deux cent mille francs sur les lins et chanvres en comparant l'année 1881 à celle de 1859. Cette somme a-t-elle servi à la consommation du commerce intérieur. C'est possible ; mais on avait en France sa suffisance de toile et fils en 1859 aussi bien qu'avec le libre-échange, et les ouvriers qu'on fait travailler aujourd'hui à ces produits fabriqués, s'occupaient à la culture et la rendaient infiniment meilleure. Nos laboureurs en bénéficiaient.

Au lieu de mêler dans nos calculs ces deux années 1859 et 1881, si nous les prenons séparément pour examiner leur différence, nous trouvons que la vente de la laine, matière première indiquée au commerce spécial dans les documents de l'administration des Douanes se monte à 5.000.000 à l'exportation de France en 1859, et qu'achetée à l'importation elle arrive la même année à 178.600.000. C'est donc pour nous une différence de 173.600.000 francs. Cette somme dépensée a permis de faire des tissus de laine, en 1859, pour 180.600.000 francs pour exporter et 2.500.000 francs nous arrivent seulement par l'importation, d'où il résulte un bénéfice de 178.100.000 francs. Si donc nous retranchons la dépense de matière première de ce bénéfice des produits fabriqués, il nous reste à notre avoir 4.500.000 francs de gain en 1859.

Même chose en 1882. Notre exportation de laine naturelle monte à la somme de 104.600.000 francs et notre importation à 319.000.000 de francs, ce qui indique notre part de dépense s'élevant à une somme de 214.400.000 fr. Mais, les tissus faits avec ces laines, nous en avons vendu, en 1882, pour 398.200.000 francs, et nous n'en avons acheté que pour 89.100.000 francs ; c'est donc un avantage pour notre pays de 309.100.000 francs. Si de cette somme nous retranchons les 214.400.000 francs payés sur les laines importées, nous constaterons qu'il nous reste un avantage de 94.700.000 francs. Or, 4.500.000 francs produits en 1859, retranchés de 94.700.000 francs gagnés en 1882, il nous reste, comme différence entre ces deux années, dont les résultats sont distants de vingt-deux ans pendant lesquels on a joui de la théorie du libre échange dans des conditions préférables à celles qu'on trouvera jamais, un bénéfice de 90.200.000 francs. Et, malgré l'amélioration énorme et coûteuse des moyens de fabrication, malgré la grande quantité de marchandises et les perfectionnements donnés à nos voies de transport, pour arriver à ce bénéfice relativement médiocre, que d'hommes n'a-t-on pas enlevés aux occupations qu'avaient jadis leurs pères, pour les jeter ainsi dans les villes où la moitié de leur vie se passe dans l'oisiveté. Ils forment ces grandes agglomérations où les vices augmentent dans des proportions qui, jusqu'ici leur étaient ainsi presque inconnues. En les détournant ainsi de leurs véritables devoirs, l'agriculture ne peut plus vivre.

Nous recevons, en 1882, des céréales et farines pour une somme de 524.700.000 francs pendant que nous en vendons, en céréales et farines, pour 98.700.000 francs. La différence de ces denrées est donc de 426.000.000 de francs qui compensent d'une triste manière les 90.000.000 gagnés sur les tissus de laine et sur ceux que rapportent quelques autres grandes fabrications. Si demain la récolte nous manque et qu'on refuse de nous vendre des grains, comment nourrirons-nous ceux des producteurs que nous avons faits consommateurs, à quel charnier odieux cette théorie du libre échange, amenant à l'émeute au lieu de conduire à la tranquillité, n'aura-t-elle pas donné lieu.

Mais tout n'est pas dit encore. Nous n'avons parlé jusqu'ici que des effets que produit le libre échange dont nos traités sont la cause, sur les denrées agricoles et les matières premières soit minéralogiques, soit données par le sol ; mais il nous reste à rappeler comment, avec cette théorie et les traités qui s'y rapportent ont été vendus ou achetés les produits fabriqués autres que les tissus de laine.

Lorsque les Anglais sont venus en France déterminer nos gouvernants à l'établissemont de doctrines commerciales nouvelles, ils étaient adroits pour eux-mêmes sans cependant l'ètre complètement, et nos législateurs ne l'ont pas été du tout. Nous étions alors en France la population qui fabriquait des marchandises dans le plus grand nombre d'espèces et qui créait une très grande quantité de chacune d'elles. Elles étaient même faites, pour la plupart, dans les qualités les meilleures, comme nous l'avons déjà dit, mais aussi atteignant les conditions de prix assez fortes. Or, voici comment les Anglais ont raisonné. Ils avaient, soit par eux-mêmes, pour la houille, soit par leurs colonies, pour la laine et le coton, des quantités immenses dont le coût n'était

pas très élevé grâce à l'étendue des terres cultivées, aux populations de ces territoires lointains et à leur grande marine.
En nous livrant ces marchandises frappées par nous d'impôts dérisoires, ils y gagnaient d'en vendre une bien plus grande quantité et, non seulement ils augmentaient le débouché de leurs colonies, mais accroissaient leur marine, parce que ces marchandises leur servaient de lest au retour. En outre ils soutenaient sur tous les marchés et à meilleur compte que nous la vente des marchandises anglaises, faites avec ces mêmes matières premières, puisqu'elles étaient en France grevées d'un léger impôt qui n'existait pas en Angleterre. Ils pensaient même, sans le dire, que dans leur pays l'agriculture n'est que de second ordre et que la masse très grande de la population des îles Britanniques pouvait être employée en partie à faire avec ses matières premières des produits fabriqués. C'est-à-dire qu'elle gagnerait sur les premières ventes qu'elle nous faisait et bien plus encore sur les marchandises qu'elle aurait fabriquées et dont elle nous ferait partout la concurrence.

La baisse que nous avons accordée à l'entrée de ces matières premières en faisant gagner de l'argent à l'Angleterre, lui a aussi permis de s'outiller pour confectionner chez elle des tissus et des fils avec ces mêmes laines ou ces mêmes cotons, et, au bout de peu d'années, son commerce de marchandises fabriquées augmentant, elle a cessé de nous envoyer la même quantité de coton en disposant pour elle plus avantageusement. Sa fourniture était, en 1863, de 126.500.000 francs, elle est tombée, en 1881, à 7.600.000 francs. Pendant ce temps-là, les fils et les tissus de coton dont nous n'avions pas su prévoir la création bien plus fructueuse pour l'Angleterre, s'élevaient

dans ses importations en France de 11.400.000 francs
en 1863 à 29.100.000 francs en 1874 et à 34.400.000
francs en 1881.

Donc, d'après les traités signés et la marche vers le
libre-échange, nous trouvons ce petit avantage de l'augmentation de la quantité du coton à travailler, que l'Angleterre nous apportait, et que nous aurions pu avoir, autrement et plus utilement, considérablement diminué;
puis, après, la nature de ce commerce changeant, nous
n'y apercevons plus aucun avantage pour nous; mais nous
y constatons un très agréable bénéfice pour l'Angleterre.
Elle nous fournit désormais les fils et tissus pour lesquels
elle était censé ne devoir pas être à craindre et pour lesquels, si cela continue, comme c'est probable, elle nous
plongera dans une décadence complète. Cet avenir est du
reste indiqué par ce fait que notre exportation pour l'Angleterre, rien qu'en tissus de coton, différents des siens,
était, en 1863, de 14.700.000 francs. En 1874, elle était
déjà tombée à 5.000.000, elle s'est un peu relevée en 1881
et s'est étendue jusqu'à 6.500.000 francs.

Mais dans cette question de libre-échange, le coton
n'est pas le seul article où nous eussions pu trouver des
gains magnifiques, si les pensées des accepteurs français
de cette doctrine avaient été heureuses. La France fournissait au monde beaucoup de bon vin et de parfaite eau-
de-vie; l'Angleterre voulant voir baisser les droits que
nous mettions sur l'introduction de ses produits sur notre
territoire, nous offrit de suite de faire des concessions
pour nos vins et nos eaux-de-vie, dont elle prétendait
avoir le plus grand besoin; mais, les concessions une fois
faites, soit par patriotisme, soit autrement, elle a oublié
d'en prendre ce qu'elle promettait. En 1863, elle nous de-

mandait du vin pour 33.000.000, en 1881, elle nous en
demande pour 62.800.000 francs, soit 29.800.000 francs
de plus. Or, en 1881, sur les vins qu'elle prend dans le
monde entier, et qui doublent à peu près ce qu'elle en demande à la France, elle a réexporté pour tous les pays du
monde un peu plus d'un neuvième. Si donc on retranche un neuvième de 62, c'est à peu près 7.000.000;
or, 29.800.000 francs moins 7.000.000 font presque
22.800.000 francs. C'est un peu court. Mais, c'est bien
plus curieux encore en eau-de-vie. En 1863, elle nous a
pris pour 38.800.000 francs ; mais, en 1881, ses marchés
avec nous ne se sont étendus que jusqu'à 41.300.000 francs.
Soit une différence de 2.100.000 francs qui paraît encore
avantageuse pour nous, mais qui change d'aspect si l'on
en retranche ce que l'Angleterre réexporte sur d'autres
pays, c'est-à-dire à peu près 2.800.000 francs, ou
700.000 francs d'eau-de-vie qu'elle nous prend aujour-
d'hui de moins qu'en 1863. Si même nous avions les chiffres exacts de 1860, ce serait encore pis. Pendant le même
temps, elle arrivait à tripler la fourniture du charbon
qu'elle nous faisait.

Mais, nous sommes peut-être dans l'erreur. Ces différences avec l'Angleterre tenaient sans doute à quelque
chose de spécial aux habitants du Royaume-Uni et ne
seraient pas aussi fâcheuses avec d'autres peuples. Essayons de voir comment les choses se passent avec l'Allemagne ou l'association allemande. Si nous prenons les
chiffres de notre exportation nous trouvons, en comparant
1881 à 1863, que nous avons augmenté nos relations an-
nuelles au commerce spécial de 180.000.000 et qu'à l'importation en France, l'Allemagne nous a vendu de plus
en 1881 qu'en 1863 pour une somme de 315.000.000 de

francs. Aussi, en 1863 nous gagnions, dans nos rapports avec l'Allemagne, 64.000.000, et dans ceux de 1881 nous y perdions 71.000.000. Il est vrai que dans cette différence de 135.000.000, l'Alsace et une partie de la Lorraine sont devenues allemandes. On peut jusqu'à un certain point objecter que c'est cette différence de territoire qui cause cette perte de 135.000.000; mais, malheureusement, nous en retrouvons de semblables avec d'autres pays dont le sol ne nous a jamais appartenu.

Prenons l'Italie. Nous avons acquis d'elle la province de Savoie et le comté de Nice en 1860, cela ne regarde donc pas nos transactions en 1863; or, en 1863 au commerce spécial, l'importation de l'Italie en France était de 204.300.000 francs. Elle est devenue en 1881 à la somme de 433.9000.000 francs. Donc la différence entre ces deux années est de 229.600.000 francs. En exportation de France en Italie, nous avons fourni en 1863 pour 237.800.000 francs, et en 1881 nous ne leur exportons plus que pour 210.200.000 francs. C'est-à-dire, chose rare heureusement, qu'en Italie, nous perdons 229.600.000 francs à l'importation et 27.600.000 francs à l'exportation. En tout, 257.200.000 francs en 1881 sur ce que nous faisions en 1863. Où trouver plus triste? C'est sans doute dans ce fait que je pourrais prendre un grand nombre de marchandises ou de pays et arriver à montrer les mêmes résultats. Pour l'Autriche les importations en 1863 étaient de 20.000.000, elles sont devenues en 1881 de 107.000.000. Les exportations que nous faisions payer par cette puissance étaient, en 1863, de 8.000.000; elles sont en 1881 montées seulement à 31.000.000. C'est-à-dire que les importations ont augmenté de 87.000.000 et les exportations de 23.000.000. Ces différences entre les importations et les exportations étaient de 12.000.000 en 1863, elles sont arrivées à 76.000.000 en 1881. Les Français peuvent nommer cela un préjudice plutôt qu'un bénéfice.

En 1867, les importations d'Espagne en France étaient de 90.000.000 et les exportations de France pour l'Espagne de plus de 103.000.000. En 1881 les premières sont devenues la cause de transaction d'une somme de plus de 370.000.000 et les secondes de plus de 167.000.000. C'est-à-dire que les importations ont augmenté de plus de trois fois ce qu'elles étaient en 1867 et les exportations n'ont gagné qu'une demi fois à cette époque leur précédente quotité. Il est vrai que cette malheureuse différence tient à plusieurs marchandises ; ainsi les vins en 1867 étaient de 5.000.000 à l'importation en France et de 800.000 francs seulement à l'exportation ; mais, en 1881, cette importation a passé à 264.000.000 et l'exportation à 1.100.000 francs. Il en est de même pour les fruits de table, dont l'importation en France a passé, de 1867 à 1881, de 9.000.000 à 21.000.000, ou, pour le minéral le plomb, dont il n'était pas encore question à l'importation en France en 1874 et qui, en 1881, nous coûte 12.100.000 francs. Avec l'emploi de la théorie du libre-échange ou des traités, voilà sous quels coups nous tombons ! Le phylloxera nous fait bien du mal, sur le vin commun, non sur le vin qu'on exporte ; mais notre administration, loin de guérir ce mal, semble ne songer qu'à l'augmenter. Jadis, quand nous voulions être les maîtres chez nous, nous mettions des portes aux baies de nos appartements et nous avions soin que, mordant d'un battant sur l'autre, du dehors on ne pouvait pas les pousser si la clé était en dedans. Aujourd'hui nous mettons des portes pareilles à celles qu'on place aux bureaux de nos maisons de banque, de celles qui se touchent

mais ne se joignent pas et qu'aucune serrure ne ferme ;
aussi nous ne sommes pas défendus contre les étrangers
qui veulent entrer, et comme le vent du dehors est toujours
plus violent que celui d'un appartement, nous sommes
presque toujours repoussés à l'intérieur. Avec le libre-
échange, le mal est arrivé chez nous, les étrangers l'augmentent agréablement et profitablement quand cela leur
plaît. Si le bien s'est fait sentir chez eux, nous voudrions
en avoir une partie, nous l'obtenons, s'ils en ont trop, mais
le prix élevé des droits sur les marchandises ordinaires
que nous offrons en échange est toujours inscrit à l'entrée
du pays auquel nous vendons.

Le Portugal est à peu près dans le même cas que l'Espagne : en 1867, il nous vendait pour 5.300.000 francs et
nous achetait pour 21.200.000 francs ; en 1881, il nous importe pour 22.300.000 francs et n'accepte plus de nous que
19.100.000 francs. Il est vrai qu'en 1867 il nous vendait
du vin pour 100.000 francs et aujourd'hui il nous en cède
pour 12.100.000 francs.

Enfin, pour ne pas parler trop longtemps de nos relations commerciales avec les autres puissances, finissons
par les États-Unis. En 1863, leur importation en France
se montait à 81.000.000 et l'exportation de la France aux
États-Unis, parvenait à 94.000.000. En 1881, les mêmes
importations s'élèvent à 506.000.000 et les mêmes exportations à 319.000.000. Ce commerce était supérieur pour
nous, en exportation de France, en 1863, de 13.000.000,
en 1881 il devenait inférieur de 187.000.000. Il est vrai
que sur cette somme de 1881, les États-Unis nous ont
fourni pour 205.000.000 de céréales, produits alimentaires qui, au lieu d'être encaissés par nos agriculteurs,
l'ont été par les Yankees, ; de sorte que, pour l'histoire

exacte des effets de notre doctrine économique, frisant le libre-échange, on inscrira qu'en 1881, nous avons perdu en gros dans nos transactions avec eux, la somme de 187.000.000 de francs. Mais, en détail, l'agriculture laissée dehors, nous y avons gagné seulement 18.000.000, représentant une partie du luxe de Paris, dont nous sommes les créateurs et les dispensateurs. Si la manière dont l'administration française est menée continue à suivre la même marche qu'aujourd'hui, nous sommes bien près de voir cette faible somme nous échapper, et il ne restera certainement dans nos rapports avec les États-Unis que la perte que nous subissons sur les céréales et qui tend à s'augmenter sur d'autres produits alimentaires.

Les Américains livrent aux peuples producteurs de blé des produits manufacturés fabriqués à bon marché ; or, ne leur prenant pas de blé, ils leur demandent de l'argent ou des matières premières. C'est donc pour les États-Unis tout bénéfice. Nous sommes, nous Français, cela vient d'être démontré, dans ceux qui leur versent de l'argent pour payer les produits naturels qu'ils nous apportent. Si, au lieu de cette manière de procéder, un peu naïve, nous avions mis des droits sur l'entrée des céréales, ils nous en apporteraient beaucoup moins et ce serait pour eux une baisse sensible dans leurs bénéfices, ce qui les priverait des moyens de monter et d'exploiter des usines donnant des produits fabriqués à bon marché. Ainsi, dans ce cas, si nos gouvernants avaient fait leur devoir, les Américains auraient vendu moins de céréales et fabriqué moins de produits. Ils seraient devenus beaucoup moins vite cette grande puissance qui intervient aujourd'hui dans toute la politique du Nouveau Monde et qui commence déjà à s'immiscer dans celle que les Européens

font chez eux-mêmes. Nous, au contraire, en élevant nos
droits de douanes nous aurions pu acheter un peu partout, là
ou dans le moment cela nous serait avantageux, les céréales
dont nous avions besoin et vendre plus de nos produits fabriqués. Nous n'aurions pas vu ce qui se passe à l'heure actuelle : les Français baisser quand tous leurs voisins mon-
tent. C'était à nous d'avoir la sagesse de chercher la
théorie qui nous convenait le mieux. Le libre-échange,
en nous cachant l'avenir, nous faisait faire momentané-
ment concurrence à tout et à tous, même aux choses dont
nous n'avions pas les premiers éléments et, sans que nous
nous en rendions compte, nous menait droit à la chute, et
quelle chute !

Nous ne pensions pas assez que dans les produits de la
nature tout se fait dans des conditions où l'homme ne peut
pas trop intervenir ; dans la fabrication il développe ses
moyens et en même temps sa pratique des affaires. Aussi
les Américains n'ayant que relativement besoin de ce que
donne la nature n'ont eu presque qu'à briller par leur intelligence, l'activité de leur esprit et leur entente des transactions. Leur mode de fabrication les rend populaires
dans le monde entier : faire du bon marché. Nous, au contraire, riches des produits de la nature, nous devons né-
gliger de faire des produits manufacturés communs, qui
pouvaient soutenir la lutte contre ceux de peu de valeur ;
mais ce à quoi notre grand génie industriel devait s'adon-
ner, c'était aux objets plus chers parce qu'ils étaient infiniment mieux faits. Nous pouvions les vendre en moins
grande quantité, mais à chaque peuple dans le monde entier, ce qui, en somme équivaut à la production acquise
par les marchandises à bon marché faites pour n'importe
quelles autres nations. C'est dans l'étude de cette seconde
manière qu'à tous égards nous devons marcher.

Ce qui se passe dans presque tous les genres avec les peuples que nous venons de citer a presque [partout des résultats identiques. Je ne sais si j'ai déjà mis quelque part qu'en 1859 au commerce universel spécial la France gagnait six cent vingt-six millions en déduisant les importations de nos exportations et qu'en 1882 nous perdons treize cent soixante-seize millions en déduisant nos exportations des importations qui nous sont faites. Cette même somme de 1.376 millions ne porte pas tout entière sur l'agriculture puisque nous avons vendu des céréales en 1882 pour plus dè 61 millions trois cent mille francs qui, déduits de 524 millions sept cent mille francs entrés, ne nous en laissent à payer que quatre cent soixante trois millions quatre cent mille francs. C'est donc, en dehors de la culture des blés et autres céréales neuf cent treize millions qui s'en vont de la France, Dieu sait où !!!

Si ces comptes fâcheux nous arrivent, c'est qu'avec la théorie du libre-échange et les traités qui l'affirment, nous avons fait fausse route. On a cru par ces combinaisons trouver pour le commerce une plus-value durable, on s'est trompé. On ne fera pas que les uns en profitent le plus possible, quitte à détruire les autres. Une bonne économie doit être instituée de manière à ce que ses avantages durent toujours ; au lieu de cela on a été poussé dans cette idée de demander moins aux étrangers pour l'entrée de leurs produits à condition que la réciproque existerait et c'est, dans la pensée de ce même jeu que nous ont menés toutes les mesures prises par nos économistes. On a oublié, comme nous venons de le remarquer, que la nature d'une part et l'esprit humain de l'autre, entraient dans la question, et que l'un et l'autre devaient nous enlever à un jour donné les bénéfices de cette théorie. Par malheur, les

élucubrations fausses ont été soutenues par les intérêts
immédiats de chacun. Tout commerçant, voyant de suite
et justement, une étendue plus grande à donner soit à
l'intérieur, soit à l'étranger, aux transactions qu'il crée,
a poussé de suite aux relations nouvelles qu'on voulait
établir, y voyant un profit immédiat. Il ne réfléchissait
pas que, par la suite, peu à peu cet avenir changerait ; il
était donc innocent. Mais nos hommes d'État auraient dû
penser qu'ils agissaient non seulement pour des particuliers, mais aussi pour la France, à qui l'avenir appartenait
forcément. C'était à ce temps futur qu'il fallait songer. Ils
devaient lutter contre la décadence prochaine et non s'y
abandonner dut, au commencement, un beau bénéfice
payer cet abandon.

Le changement dont nous parlons, que nous avons indiqué en commençant ce travail, devait arriver plus tard ;
c'était à nous d'y parer. Les Anglais, sans donner complètement dans cette pensée auraient dû songer à l'avenir
en cherchant à développer le libre-échange, à ne pas voir
tout leur échapper ; mais la prospérité générale devait être
tellement grande alors qu'ils ont laissé cette idée en partie de côté. Les habitants de la Grande-Bretagne n'ont
pas voulu trop penser à ce que les produits naturels et les
marchandises intelligemment manufacturées seraient un
jour l'œuvre non seulement d'un peuple, mais de tous les
peuples dans le sens où ces productions leur étaient faciles
et, qu'en établissant le commerce général, la nation qui
devait tomber la première serait la dispensatrice antérieure
de marchandises utiles à tous, mais restreintes et plus
coûteuses. Cette pensée sur les faits que promettait l'avenir, les Anglais ont peut-être cru que c'était seulement à
la France qu'elle s'adressait et que, pour leur avantage,

nous serions les premiers perdants. Ils ont oublié que devant les efforts faits partout ailleurs, aussi bien en Russie qu'en Suède, aussi bien en Amérique qu'en Chine, ils seraient certainement dans les seconds frappés.

C'est une vraie philosophie d'admettre que l'humanité ait pour première manière d'agir, la nécessité de calmer ses besoins et qu'elle se distingue essentiellement des animaux en réfléchissant que, pour arriver à ce résultat, il faut que chacun songe à faire ressortir de ce qu'il fait ce qui lui sera le plus utile, le plus durable et ce qui, à la suite des temps profitera de l'amélioration générale. Si le terrain que j'habite me fournit tel ou tel produit ou tel ou tel moyen d'avoir un produit quelconque, mon avantage c'est que, sur ce produit là tous mes efforts se portent, et qu'il soit, dans tous les cas, une fortune pour moi. Si j'arrive à le vendre assez bon marché pour l'anéantir partout et en être le seul distributeur, j'aurai bien calculé.

Depuis les Romains les relations commerciales absolument particulières à tel ou tel pays ont été peu étendues. Les Italiens et les Portugais sont les premiers qui à la fin du moyen âge et pendant la renaissance aient essayé de créer des débouchés commerciaux ; mais l'industrie avait peu de part dans leurs transactions. Ils chargeaient surtout leurs navires de vivres pour les longues navigations et ne prenaient que peu de marchandises faites en Europe occidentale. Se défendre dans toutes les occasions était pour eux des impédiments nécessaires. Quand, pour le retour, une partie de leur chargement était consommé, ils remplissaient cet espace libre dans leurs navires avec des produits de la Turquie ou de l'Inde. A ces époques, sur le sol même, tout commerce était impossible sur une grande échelle. Les chemins existaient à peine et des forces légales ou illégales arrêtaient ou faisaient payer le passage de telle façon que les marchandises n'arrivaient à une assez grande distance qu'à des prix très élevés. Ce ne fut que plus tard, en Belgique, en Hollande et en France, grâce à l'amélioration de la marine, à la confection des chemins et des canaux, à l'intervention de lois protectrices, que le véritable commerce commença à se former. Ces trois pays ont fini par devenir le seul centre d'où sortaient les produits qui, dispersés, ont porté dans la plus grande partie de la terre les marchandises qui ont été la base de la civilisation moderne. Sous Louis XIV, l'Angleterre victorieuse de la Hollande commença ses relations nouvelles avec l'Amérique d'un côté et l'Indoustan de l'autre. Tous ces pays, dès lors, profitant autant que possible des graves erreurs que la politique causait aux uns ou aux autres, en Europe, multiplièrent leurs relations et devinrent ces États sérieusement industriels qui prirent peu à peu l'humanité tout entière comme débouché de leurs produits. Ils arrivèrent ainsi jusqu'à l'époque actuelle où chaque nation ayant cherché et obtenu une part dans le commerce du monde, il devint nécessaire de donner cours à certaines idées et règlements généraux assurant l'existence des transactions entreprises par chaque État, et, ensuite, en s'y conformant, pour les choses les plus importantes, à multiplier chacun leurs efforts pour acquérir, pour eux-mêmes, la plus grande part dans cet immense échange des produits.

C'est là le point où l'on en est arrivé aujourd'hui. Il s'agit donc, en se mettant à la place de chaque pays, de rechercher quelle est la manière préférable d'agir. Elle se compose de deux choses que nous avons déjà dites, mais que nous croyons devoir répéter : l'une de commencer par se créer, commercialement parlant, le fond le meilleur et le plus facile pour les relations intérieures, de favoriser et de rendre, chez soi, les transactions plus actives, de mieux estimer les besoins des populations, d'être plus largement et plus sagement distributeur des consommations nécessaires. L'autre, c'est de vendre à l'étranger, le mieux possible, ses suppléments en produits alimentaires ou naturels et de tirer de lui, dans le même ordre d'idées, ce qui peut être utile à la consommation, augmenter le commerce intérieur et la fabrication d'objets industriels dont le bénéfice payé, ensuite par l'étranger, sera le gain du pays. Mais, pour que ces pensées soient réellement bonnes et profitables, ce qu'il faut ne pas faire, c'est de laisser entrer à vil prix les produits que l'étranger construit à bien meilleur compte, et qui fera chez vous concurrence au commerce intérieur en arrêtant la fabrication pour le commerce général.

A propos du libre-échange il vient des idées dont on voudra bien permettre d'en citer une. La Suède ayant de très bons minerais de fer en a fait depuis longtemps des fontes et des aciers de premier ordre. Le désir de gagner le plus d'argent possible lui a permis d'en fabriquer de très grandes quantités qu'elle a vendues assez bon marché pour attirer les négociants étrangers. Des puissances de l'Europe se sont empressées de les acheter, d'en faire des canons et elles pourront, un jour ou l'autre, par ce moyen, commander dans les mers qui entourent la presqu'île scandinave. Qu'au contraire la Suède ait maintenu ses fontes et ses aciers très chers, les autres puissances en auraient moins acheté, et en tout cas ne les auraient pas employés si vite au même usage. Chez les Suédois le besoin d'artillerie s'étant produit, après avoir gagné une somme raisonnable par des ventes non outrées, ils se seraient trouvés plus capables de faire eux-mêmes des canons. Un jour peut-être, le canon aidant, c'est le drapeau de la Suède qui eût commandé dans l'Atlantique du Pôle, la mer du Nord ou la Baltique.

Émettre cette idée, c'est parler bien haut de la protection et montrer les inconvénients du libre-échange; c'est, je le pense, prouver que la loi commerciale qui favorise d'abord les transactions intérieures d'un pays, et ne permet de trafiquer des produits naturels ou fabriqués qu'à des prix assez élevés, rend, sans en avoir l'air, pour d'autres choses, des services fort intéressants, et que des ventes plus étendues, presque universelles et au plus bas prix possible, n'auraient sans doute pas produits.

Le bon marché a mis aujourd'hui toute chose à la portée de tous les groupes humains; il en résulte que ceux qui ne peuvent donner une production au meilleur marché possible, doivent cesser de s'occuper du commerce extérieur, mais de la confectionner pour eux, de manière seulement à n'être pas à la merci de l'étranger.

La manière de conduire ces questions, ces questions graves, engendre une philosophie qu'on me permettra de nommer commerciale, et qu'on ne doit pas s'étonner de voir appliquer à une partie des opérations humaines qu'on regarde généralement comme vulgaires. Cependant nous pouvons le dire ici, il n'y a de vulgaire en ce monde que ce qui regarde les animaux. C'est vulgaire pour une chose vivante de brouter devant elle, si la nature y met de l'herbe, c'est le sort des animaux; mais c'est au contraire intelligent et spirituel de vivre des produits semés, récoltés et moulus; or, partout où l'intelligence règne, elle a besoin, elle demande à être conduite par certaines règles dont la création, la classification, l'énumération, la façon de les diriger forment une science commerciale, qui entraîne certaines considérations où une haute philosophie peut et doit trouver sa place. Toute cette intéressante érudition appartient à l'esprit bien qu'on dise souvent que les transactions sont essentiellement matérialistes. On a tort de prendre ainsi ces questions-là, l'intelligence est bien à elle et lui donne maints résultats désirables.

Darwin a parlé du combat de la vie. Eh bien, en fait de théorie touchant la nourriture, c'est du matérialisme au suprême degré.

Cette action n'est souvent qu'un pugilat entre deux animaux, parce que la nourriture est à celui qui la prend ; mais, lorsqu'il s'agit de l'homme qui doit travailler, penser, échanger, pour trouver de quoi vivre, c'est un combat d'intelligence. Les sauvages qui n'ont pas encore développé leur spiritualisme restent près des animaxx, l'homme civilisé s'en éloigne et son intelligence fait du commerce une œuvre dont chacun peut être satisfait. La guerre ordinaire est souvent affreuse ; mais ce qu'on nomme la guerre commerciale, qui n'emploie que de bons et doux moyens, est une des raisons principales de la paix universelle. Pour qu'elle arrive à ce résultat, ne la nommez pas libre-échange, car le libre-échange est une grande bataille où le général ayant oublié que l'ennemi se lèverait derrière lui, entouré, subit la défaite ; la création de règles et de lois commerciales qui font que le chef conserve toute son autorité, sont celles qui permettent à ce commandant d'armée de n'avancer que petit à petit, regardant, scrutant à chaque pas, contentant les vaincus chaque fois qu'il les dépasse et menant autant que possible cette concurrence générale à augmenter le bonheur de l'humanité.

La protection est la sagesse commerciale, le libre-échange en est le dévergondage.

Mais je fais erreur à mon tour; c'est trop me lancer dans les théories plus ou moins philosophiques ou politiques. L'Angleterre a été forte dans ce qu'elle a fait, elle s'est assuré un succès pour de nombreuses années. Je ne crois pas qu'il soit définitif; mais elle est et sera presque complètement payée de ses efforts. Avant de lancer ses idées regardant ses transactions avec les autres puissances, elle a pensé à son commerce intérieur et, pour l'augmenter, pour le faire vivre longtemps, elle a commencé à fonder et, très malheureusement pour nous, fonde encore chaque jour ces grandes colonies anglaises qui, par leurs consommations ou leurs productions naturelles, assurent cette vie de fructueux échanges à tout l'empire de la Reine. Si ensuite son gouvernement a voulu augmenter le bénéfice de ses sujets et les avantages que partout ils peuvent tirer de leurs transactions, il a prêché à d'autres pays, et en France particulièrement, la théorie du libre-échange, pensant bien que s'il ne l'obtenait pas, il aurait du moins des traités avantageux. Ces conditions nouvelles ont été, en effet, assez favorables à l'Angleterre. La différence entre nos importations et nos exportations faites avec elle est restée à peu près ce qu'elle était. En 1863 elle s'élève à 207.000.000, et en 1881 à 204.000.000; mais, ce que nous pouvons dire, c'est que ces chiffres ne sont plus ce qu'ils devraient être et que, placés si près de la Grande-Bretagne, les produits français, fruits d'un sol plus grand, plus fertile, mieux acclimaté, devraient surtout comme marchandises alimentaires, s'accroître en quantité. Nos produits alimentaires étaient la vie certaine et facile de l'Angleterre et la conséquence de ses idées a été au contraire de n'accepter ces marchandises que dans leur absolue nécessité. Au lieu de s'entendre avec sa voisine, l'Angleterre a voulu profiter d'elle et lui faire du mal ; et nous, nous avons donné en plein dans le filet tendu. Lorsque ses rapports ont changé avec nous, d'autres pays ont pris notre place en lui apportant sa nourriture et avec d'autant plus d'avantage qu'ils reprenaient, en retour, les produits fabriqués dont ils admettent l'entrée chez eux. Ces produits, ils les trouvent en Angleterre comme nous l'avons dit ailleurs, où ils sont moins chers et souvent meilleurs que les produits communs en France ; ces différentes nations les rechargent sur leurs navires et les portent au-delà des mers. Ainsi agissent les États-Unis, ils fournissent à l'Angleterre du blé, de la viande et en exportent des tissus, de la passementerie. C'est là où est la folie anglaise : elle n'a pas jugé complètement que sa combinaison, bonne à certains points de vue, était mauvaise à d'autres. Elle n'a pas calculé que les Irlandais, dont elle aurait dû ressentir l'origine différente de celle de son peuple et dont elle a négligé les intérêts, unis aux Allemands du Nord, sortis de leur pauvre et sablonneuse région, lui feraient un jour une rude concurrence. C'est là aujourd'hui où l'hostilité se développe, sous le drapeau des États-Unis, soit par une protection commerciale en Amérique, soit par des routes plus faciles qui peut-être ouvriront prochainement, à cette population jadis européenne, toute l'Asie orientale, et qui en outre, un jour ou l'autre, combattront l'Angleterre à armes plus qu'égales, puisqu'ils seront plus nombreux, et parlent la même langue, en Afrique, en Europe et dans toutes ses colonies.

Ce que je dis des États-Unis est vrai aussi pour beaucoup d'autres États, et non seulement l'Angleterre subit ou subira les conséquences de ce que cet aperçu du libre-échange a donné à d'autres pays· mais par cela même, nous aussi. nous sommes privés de tout ce qu'elle fait à notre détriment. Avec cette théorie nouvelle mise en pratique en 1860, les négociants, à quelque peuple qu'ils appartiennent, se sont dit : Je puis faire, à meilleur compte que les Français, tel produit facile à fabriquer ou naturel chez moi, dont ils fournissent les Anglais : je vais en porter à la Grande-Bretagne et j'en rapporterai des tissus ou des outils à bien meilleur compte, puisque je gagnerai sur les deux ventes. C'est là, pour nous Français, ce qui nous fait tout perdre. Si au contraire des droits élevés avaient été maintenus à l'entrée sur les produits semblables à ceux que nous faisons nous-mêmes, et que, par une bonne entente, l'Angleterre leur eût aussi fermé ses ports, nous aurions pu à nous deux mener le monde dans des conditions honnêtes ; les autres peuples n'auraient pu faire à bon marché et en quantité des produits qu'ils ne pouvaient plus vendre. Au lieu de cela, on nous a donné le libre-échange et ces mêmes produits étrangers nous disputent jusqu'à notre consommation intérieure. En un mot, si les États-Unis font du blé ou telle autre denrée ou objet à meilleur marché que nous ou l'Angleterre, nous en sommes aussitôt inondés. Si au contraire, ils avaient trouvé nos ports et nos frontières à peu près fermés, ils n'auraient pas étendu démesurément cette culture ou cette fabrique. En cas de famine, nous aurions pu envoyer nos propres navires chercher des produits alimentaires chez ces Américains qui en avait le plus, contre nos marchandises fabriquées. Ils auraient été lents à devenir la puissance qu'ils sont aujourd'hui, mais, ni nous, ni l'Angleterre, nous n'y aurions perdu, et nous tenant fortement par la main, nous aurions conservé longtemps notre place au soleil.

Les Américains sont absolument dans les mêmes idées que j'émets ici ; ils veulent désormais profiter de tous les avantages que j'expose, et la meilleure preuve, c'est que, quelle que soit leur opinion en politique intérieure, chaque jour, commercialement parlant, ils ferment davantage leur pays, ne prennent nos produits qu'avec des entrées folles et nous amènent tous les leurs.

Nous avons fait en 1860 une bien triste école économique. Nous ne nous sommes même pas bornés à pratiquer ce que ses enseignements avaient de raide en matière commerciale, mais nous avons augmenté sans rime ni raison le malheur qu'elle nous causait par des décisions fâcheuses. En dehors d'elle, on a touché a notre marine. C'était là une pensée absolument singulière. On a crié, écrit qu'on voulait améliorer la navigation française, et le lendemain on a supprimé tout droit d'entrée dans nos ports pour les navires étrangers. C'était vouloir guérir quelqu'un en lui faisant boire de l'acide prussique. Notre marine ne s'en releva pas! Elle est morte, car la construction des navires en France est frappée partout et ce pays s'affaisse chaque jour comme population maritime. Dans certains ports nous faisons encore des machines pour nos vaisseaux à vapeur, mais c'est dans des carcasses étrangères que nous les mettons. L'Angleterre qui, avant 1860, ne nous fournissait aucun vaisseau, a commencé à nous en faire depuis nos traités et, en 1881, elle nous en a construit pour 21.100.000 francs, soit 46.039 tonneaux. La Suède nous en fait pour 203.400 francs en 1881, et la Belgique pour 467.650 francs. En 1882, malheureusement je n'en ai pas le détail, l'étranger nous fournit pour 53.343.000 francs de navires. Si l'on trouve que pour nous ce soient là des progrès, il faut jeter ce mémoire au feu.

Mais ces désastres pratiques, matérialistes, ne sont pas les seuls où nous ait menés le libre-échange. Il a tiré des hommes des provinces où ils étaient habitués à une vie régulière en même temps qu'active, où les soins à donner à la culture les forçaient de changer de place, de profiter des forces de leurs corps, d'élever leurs facultés, leur bonté, et dont le résultat était presque toujours une augmentation réelle et au moins nécessaire des produits du sol et de leur existence satisfaite. La vie de cultivateurs était leur gagne-pain, au grand soleil; aujourd'hui, par suite des graves et fatales erreurs du libre-échange, ces hommes sont venus en grand nombre peupler les villes. En général, ils y sont mal logés, sans air, ne bougeant presque plus que pour aller de leur atelier au cabaret; ils laissent femmes et enfants tomber d'inanition dans leur affreux et triste local.

Réunis surtout en hiver, ils passent une partie de leur temps dans des salles méphitiques, au milieu de la fumée des pipes, buvant des vins ou des alcools plus ou moins empoisonnés. A cette existence, l'anémie et son cortège de maladies leur arrivent vite; à la longue, leur intelligence même baisse. L'ouvrier de nos grandes usines, quand il n'a pas l'honneur énorme et réel d'être un bon contremaître, lorsqu'il passe toute sa vie à la même besogne sans que l'ambition de bien faire le surexcite, n'est plus à la hauteur intellectuelle du cultivateur du sol qui cherche à ce que son travail produise, qui s'efforce de bien faire pour amener de bons résultats, qui devient fin, adroit, économe, si le cabaret n'est pas trop près de lui. Tandis que l'ouvrier de fabrique, après un travail monotone, si sa valeur personnelle et son courage ne le soutiennent pas, en arrive vite à la misère, et cherche, avec des facultés quelquefois restreintes, à corriger sa détresse en mal faisant ; la vie des campagnes, pour le cultivateur, étant mieux ordonnée, le conduit à bien agir. Les travailleurs des villes, rassemblés ainsi dans des usines souvent inutiles au pays par suite de l'adoption du libre-échange, se troublent les uns les autres, se lancent sur le premier mot qu'émettent de ridicules ambitieux. Peu à peu ils tombent en partie de la noble position de l'ouvrier à celle des hommes qui, ayant tout consommé d'avance, haïssent la société et s'entendent pour lui faire une guerre acharnée dans laquelle tous les crimes sont leurs moyens. Des institutions lentes à venir, et l'œuvre des siècles, ont fait du barbare l'homme civilisé ; aujourd'hui, en attaquant ces institutions, on fait retourner l'homme civilisé à la barbarie.

Avec ces concentrations prodigieuses des ouvriers dans les villes, la campagne est dépeuplée, la main-d'œuvre augmente dans des proportions que la culture ne peut plus supporter, et qui chaque jour empêche les fermiers de renouveler leurs baux. Main-d'œuvre horriblement chère, les produits à vil prix, c'est là où le libre-échange nous a menés. Il nous a mis dans l'heure actuelle sur un rocher élevé qu'un précipice borne, et nous en sommes à nous demander à quel moment, la pente s'inclinant toujours, nous allons y être précipités.

Avec la théorie nouvelle, pour notre chère France, il y a eu, commercialement parlant, bénéfice, puis perte, puis un jour ou l'autre, désastre. Nous avons gagné dans le principe, à nos grandes et trop nombreuses usines, puis à la fabrication des mêmes produits auxquels les autres nations ont donné la libre entrée chez elles, de beaux bénéfices ; mais un matin, le moment est venu où ces mêmes produits se sont développés à l étranger, enlevant peu à peu le monde entier à nos transactions. Ils ont même profité de la baisse de nos droits pour venir vendre ces produits chez nous, enlevant les transactions intérieures à nos propres usines, et, par conséquent, nous ont menés à ce point que, laissant presque nos ouvriers mourir de faim à côté de leurs métiers, ils les forceront un jour à se précipiter dans la rue, le fusil à la main, pour chercher une nourriture qu'ils ne trouveront même plus dans les produits agricoles.

Il y a encore un fait que je ne puis omettre ici : c'est la présence en France de masses exorbitantes d'ouvriers étrangers. Le gouvernement, dont le devoir est de s'y opposer, ose les employer, même pour ses travaux. Il cause à notre pays et à la classe ouvrière des pertes énormes et fait naître des jalousies que rien ne pourra guérir, et dont nos hommes d'État seront personnellement responsables. Qu'à la rigueur, là où les bras manquent pour rentrer les récoltes, il permette à certains peuples voisins de lui envoyer des travailleurs, qu'on paye ici et qui repartent après, rien de mieux ; mais qu'il laisse les Italiens, les Allemands, les Belges inonder nos provinces, venir chez nous remuer notre sol pour l'établissement de chemins de fer aussi inutiles que coûteux, ou pour fabriquer côte à côte avec nos ouvriers, cela ne se comprend pas. Le soir, on les retrouve aux cabarets et se battant avec nos ouvriers ; ce sont là plus que des erreurs.

Je ne sais si plus tard les nations, se trouvant des intérêts semblables et se coalisant pour les défendre, ne se rassembleront pas pour faire une nationalité européenne, qui alors combattra l'Asie, l'Afrique ou l'Amérique. Je ne sais même si, dans un temps défini, ces grandes divisions se rassemblant, en fin dernière, pour faire une seule nationalité du monde entier, ne chercheront pas le bien de tous, du Parisien comme du Papou, c'est possible! mais, en attendant ces avenirs si lointains, commençons par penser à nous. Rappelons-nous que nous sommes Français, et sauf à changer dans mille ou deux mille ans, tâchons de sauver l'intérêt de notre cher pays, et engageons chaque nation à en faire autant. Aujourd'hui, c'est nous que les événements poursuivent plus que d'autres ; mais chacun à son tour. L'Angleterre, nous l'avons déjà dit, arrivera par la suite au même résultat ; mais elle en sera longtemps sauvée par son empire colonial, par ses produits, comme la houille, qu'elle transporte au monde presque entier en quantités considérables, s'en servant comme lest et diminuant aussi le transport des marchandises importées par elle, chez elle. Pendant bien longtemps elle aura de quoi occuper son monde ; mais nous, Français, que ferons-nous dans le temps prochain. Nous allons dans une direction où nous ne pourrons plus nous défaire de nos produits fabriqués : il ne nous restera que nos produits naturels ; mais nos traités permettent à l'étranger de nous faire concurrence même chez nous. Que ferons-nous de nos trente-six millions d'hommes auxquels nous ne pourrons plus donner à manger. Ils iront peupler les colonies ou États étrangers comme font nos béarnais qui vont se fixer en assez grand nombre au Paraguay ou à l'Uruguay.

Ce sont là de bien fâcheuses épreuves qui nous attendent et tout cela, pour avoir profité à des gens qui, au fond, n'étaient ni cultivateurs, ni fabricants, mais qui parfaitement honorables, s'appelant des banquiers ou des commissionnaires, étaient au fond Français et agissaient alors sur des cent mille francs utiles au commerce de notre pays. Depuis ils ont pensé, en portant leurs efforts sur le monde entier, changer ces cent mille francs en millions et décupler leur bénéfice. Là encore, ils ont beaucoup favorisé nos transactions; mais, la part devenant bonne, des banquiers et des commissaires étrangers sont venus prendre leur place. Les opérations étant plus faciles, les bénéfices sont devenus plus grands, des millions on a passé aux milliards. Cet immense remuement d'argent fait chez nous à cause de notre crédit, leur a donné des gains précieux, et leur dernière fin a été de placer, non en France, mais chez eux, au grand bénéfice de leurs entreprises commerciales. Il faut de même que nous autres Français, nous ne craignions pas à tout moment pour la vie de nos familles et que malgré nous, nous ne soyons pas forcés et contraints, par des lois insensées, d'avoir du pain à l'étranger. Soyons tous sûrs de notre vie chez nous, et alors, nous emploierons toutes nos forces à la gloire de la France.

Est-ce à dire qu'aujourd'hui il faut renoncer à tout? Non! Avec une prudence entière il sera peut-être possible de rassurer le pays; mais il faut tous ses soins, tout son dévouement. Il faut des lois nouvelles restrictives des anciennes, il faut, imitant les républicains des Etats-Unis, rejeter bien loin ce vent libre, ce libre-échange. Il faut peu à peu, sagement, en ayant tout calculé, faire bénéficier la production et non la consommation de plusieurs impôts intérieurs. Il faut empêcher les produits extérieurs d'entrer dans des conditions qui les font, même à l'intérieur, préférer aux nôtres; il faut d'un seul coup abolir tous ces affreux traités, au moyen desquels l'étranger remplit nos greniers et ne nous ouvre qu'à moitié la porte des siens ou nous la ferme tout entière.

Non seulement il faut rejeter bien loin la doctrine du libre-échange et créer chez nous des tarifs généraux que les étrangers accepteront ou refuseront, tarifs calculés non sur l'obtention du plus grand mouvement d'argent ; mais sur notre avantage réel et intérieur d'abord ; ce commerce intérieur est entre nous de plus de quarante milliards : l'extérieur, entrées et sorties réunies, ne se monte qu'à sept ou huit milliards. Pour entrer dans le détail, il faut arriver à dire : A partir de demain, les vins étrangers n'entreront plus qu'en payant un droit considérable. Qu'en résultera-t-il ? c'est que la production de la vigne étant réduite chez nous par le phylloxéra, ceux de nos terrains qui n'en sont pas atteints augmenteront beaucoup de valeur et par suite ce bénéfice viticole fera faire mille efforts aux propriétaires de ceux que cet insecte a frappés, pour le combattre, peut-être le détruire, et, en tout cas, pour changer la culture de ces terrains.

On dit à propos de cela : Si vous abolissez les traités, les étrangers vous paieront moins cher et la perte sera la même. Vous n'aurez pas de capitaux rentrant en France. Je dois répondre : Que m'importe qu'il ne rentre pas de capitaux, s'il n'en sort pas, ou s'il n'en sort que dans certains cas, quand ils augmentent en rentrant. Je ne peux m'empêcher de me souvenir, qu'en 1859, avant le libre-échange, nous vendions, par le commerce spécial d'exportation, en vins, eau-de-vie, esprits et liqueurs, pour trois cent vingt-sept millions de francs (327), et qu'en 1881, lorsque cette doctrine doit jouir de tous les bénéfices qu'elle a causés pour la somme de trois cent vingt-huit millions de francs (328), soit vingt et un ans pendant lesquels nous avons gagné un million. Il est vrai qu'avant le libre-échange nous recevions en vin pour neuf millions de toutes sortes et qu'en 1881, nous en payions trois cent quatre-vingt-dix millions (390). Quel succès ! Où sont-ils donc ces capitaux rentrés par la doctrine du libre-échange ? Si nos terrains dépouillés, qui produisaient les vins que nous buvions en France, ne se relèvent pas, que font donc nos terrains où poussent tous les vins que nous exportons, ils ne gagnent pas plus qu'autrefois. Avant la théorie nouvelle, les gens du Nord, Russes ou autres, buvaient le bordeaux et le champagne ; aujourd'hui, c'est encore les produits de ces crus qu'ils demandent et qu'ils n'acceptent qu'en quantité égale. C'est peut-être que, comme boisson de luxe, ils y ont ajouté le Porto et le Xérès.

Avec les droits qu'ils ont établis, les Américains des États-Unis ont déjà presque payé les frais de leur grande guerre de Sécession ; faisons de même et, avec l'argent qui nous en reviendra, relevons l'agriculture qui meurt. Confectionnons de meilleurs produits manufacturés, soit pour les acheteurs de l'intérieur, c'est-à-dire pour aider, par an, aux échanges de quarante milliards et portons-les sur les marchés étrangers, où nous en vendrons moins peut-être qu'aujourd'hui dans chaque pays, mais qu'on achètera tout de même en quantité assez grande parce qu'ils seront en tout préférables aux autres. L'ensemble de marchés moins étendus, mais plus nombreux, pourra arriver à un résultat identique. Nous aurons alors en France moins d'ouvriers employés à toutes les industries et plus restant à l'agriculture. Suivant ce que les douanes nouvelles nous rendront, nous pourrons, en imitant ce qu'on fit jadis en France, en supprimant les barrières intérieures, faire tomber les prix que les agriculteurs paient de trop aux différents marchés et donner dans toutes ces acceptions commerciales, la liberté intérieure, la seule bonne. Ainsi, en diminuant le prix des impôts que l'agriculture paye et en augmentant celui des denrées qu'elle vend, elle pourra peut-être arriver à retrouver un niveau où elle puisse vivre. Et, si ces droits de douane ont réellement du succès, une fois qu'ils auront payé les dépenses de nos villes, le reste de ces fonds étrangers, en s'accumulant, formera cette caisse destinée à venir au secours du pays dans ses grandes crises de disette ou de guerre.

J'allais finir ce travail ; mais non, j'ai encore quelque chose à vous répéter : Avec la théorie que j'indique, vous arriveriez, je le crois, à retrouver lentement, mais sûrement, une prospérité aujourd'hui perdue. Cependant cela ne suffira pas ! Il faut arrêter le déplacement des ouvriers des campagnes que le libre-échange envoie aux fabriques et surtout les empêcher de prêter leur concours aux constructions aussi épouvantables qu'inutiles des chemins de fer du troisième réseau. Les derniers recensements nous montrent dans la plupart de nos départements une perte réelle qui fait affreusement monter la main-d'œuvre dans les terres en culture. Arrêtez-la. Ne laissez pas continuer cette émigration de la vie agricole vers la vie urbaine. Donnez dans les campagnes une éducation première, pas trop étendue, mais bonne et saine ; ayez soin qu'on apprenne aux enfants l'honneur du devoir accompli, le respect de la famille et l'ineffable croyance en Dieu. Ainsi vous ferez des hommes qui, devenus plus actifs, plus soigneux, rendront la famille sérieuse, auront l'avenir devant eux et quelles que soient les circonstances, ayant haut le cœur, mettront leur main haute aussi, pour étayer le drapeau de la patrie !

Imp. de la Soc. de Typ. — Noizette, 8, r. Campagne-Première, Paris.

9 782016 128299